QUESTION

RELATIVE A LA LÉGISLATION ACTUELLE

SUR LA LIBERTÉ DE LA PRESSE.

QUESTION

Relative à la Législation actuelle sur la liberté de la Presse.

COUR ROYALE
de
ROUEN.

CHAMBRE
Correctionnelle.

MÉMOIRE

Pour P. PERIAUX, Imprimeur du Roi, à Rouen, Appelant ;

CONTRE

Me HOUACHE, Avoué,

EN PRÉSENCE

Des Sieurs DUPUIS et BARRAY.

U<small>N</small> *particulier qui se prétend calomnié dans un Imprimé, rédigé,* SIGNÉ *et distribué par un autre particulier domicilié et connu, est-il fondé à attaquer l'Imprimeur comme complice de calomnie ?*

Telle est la question soumise à la décision de la Cour royale de Rouen.

La section correctionnelle du Tribunal de première instance de la même Ville a jugé l'affirmative en condamnant le sieur Periaux, solidairement et par corps avec les sieurs Dupuis et Barray, à la restitution des frais du Procès.

Le sieur Periaux est appelant de ce Jugement. Il lui sera facile de démontrer qu'il est basé sur une fausse interprétation de l'article 10 de la loi du 21 octobre 1814 ; qu'il est par conséquent mal-rendu, et qu'il doit être réformé.

FAIT.

Au mois de juillet 1815, le sieur Dupuis se présenta chez le sieur Periaux, et requit l'impression d'un Ecrit intitulé : *Tableau fidèle de la conduite de Me Houache, Avoué, envers sa famille, depuis son mariage avec demoiselle Anne-Rose-Désirée Dufour.*

L'Appelant ne connaissait ni le sieur Dupuis, ni Me Houache. Il n'avait eu aucune relation ni débats avec eux. Il ignorait les discussions qu'ils pouvaient avoir ensemble. Sans les approfondir, sans croire qu'il dût s'ériger en censeur de l'Ecrit du sieur Dupuis, sans avoir la moindre intention de nuire à Me Houache, l'Appelant se chargea de l'impression de cet Ecrit, aux risques et périls et pour le compte de l'Auteur.

L'Ecrit du sieur Dupuis n'étant pas signé d'un Avocat, l'Imprimeur fit, conformément aux dispositions de la loi du 21 octobre 1814 sur la liberté de la presse, sa déclaration à la Préfecture, qu'il avait l'intention d'imprimer, pour le compte de l'Auteur, un Ecrit intitulé : *Tableau fidèle*, etc. Lorsque le récépissé lui fut expédié, il commença l'impression du Mémoire, dont la copie lui fut remise au fur et à mesure de l'impression.

L'Appelant n'avait pu prendre communication de l'Ecrit en son entier ; mais, en lisant les épreuves, il s'aperçut qu'il contenait quelques imputations contre Me Houache ; il en fit l'observation au sieur Dupuis. Ce dernier répondit qu'il était en état de prouver par pièces authentiques les faits qu'il avançait.

L'Imprimeur, qui savait très-bien que toute la responsabilité devait peser sur l'Auteur, lui répliqua : *Ce sont vos affaires, cela ne me regarde point* (1), et continua l'impression.

---

(1) Cette réponse est consignée dans le procès-verbal de M. le Juge d'instruction.

On s'est attaché à la défigurer dans la plaidoierie. On a eu soin de

L'impression terminée, l'Appelant fit à la Préfecture le dépôt ordonné par la loi, et livra le surplus des exemplaires au sieur Dupuis.

De ce moment il ne s'occupa plus de la publicité qu'il plairait à l'Auteur de donner à son Mémoire; s'il serait signifié, s'il devait l'être; tout cela lui était étranger.

M° Houache, instruit que l'on distribuait un Imprimé contre lui, dut en prendre connaissance. S'il était calomnié, il pouvait en demander raison à l'Auteur, bien connu de lui, (c'est son beau-frère); mais il n'aurait pas dû comprendre l'Imprimeur dans sa plainte, parce qu'il devait savoir que ce dernier ne pouvait être garant de faits qu'il n'était pas en son pouvoir de vérifier, et que s'il avait imprimé le Mémoire en question, c'était sous la garantie et la responsabilité de l'Auteur, garantie annoncée par sa signature au bas de l'Ecrit.

Quoiqu'il en soit, M° Houache dirigea une plainte tant contre l'Auteur et les distributeurs que contre l'Imprimeur. Cette plainte fut accueillie, des témoins furent entendus, et la cause fut portée au Tribunal de première instance, section correctionnelle.

Pendant l'instance, le sieur Dupuis crut devoir publier un *Mémoire justificatif*. Il en requit l'impression du sieur Periaux, qui se chargea de l'imprimer, en remplissant, comme pour le *Tableau fidèle*, les formalités prescrites, et qui crut devoir justifier aux yeux du Tribunal et du public cette nouvelle impression par une note ainsi conçue :

« Quoiqu'il ait plu à M° Houache, avoué, de comprendre,
» *inconsidérément et ridiculement*, dans sa plainte en calomnie
» contre les sieurs Dupuis et Barray, le sieur Periaux, comme
» ayant imprimé le Mémoire (*signé Dupuis*), ayant pour titre :

---

dire que l'Imprimeur avait agi en connaissance de cause; que, par conséquent, il devait être considéré comme complice du sieur Dupuis; mais on a passé fort adroitement sur la réplique de l'Imprimeur au sieur Dupuis : *Ce sont vos affaires, cela ne me regarde point*; réplique qui annonçait toute la sécurité de l'Imprimeur.

» *Tableau fidèle de la conduite de M⁰ Houache, Avoué, envers
» sa famille*, etc., le sieur Periaux, qui ne redoute aucunement,
» en ce qui le concerne, les effets de la plainte de M⁰ Houache,
» n'a pas cru devoir se dispenser d'imprimer le *Mémoire jus-*
» *tificatif* du sieur Dupuis (*signé de lui*), et pour son compte,
» en remplissant toutefois, comme il l'a fait pour le *Tableau*
» *fidèle*, les formalités prescrites par les lois. » (1).

Le sieur Periaux resta étranger, comme il le devait, aux débats des sieurs Dupuis et Barray avec M⁰ Houache. Cette discussion ne le regardant en aucune manière, il ne s'occupa que de ce qui le concernait particulièrement. Il était tellement

---

(1) Lors des plaidoieries, M⁰ Houache, par l'organe de son Avocat, aux talents duquel le sieur Periaux se plaît à rendre hommage, se récria beaucoup sur la note de l'Imprimeur et sur l'impression du Mémoire justificatif du sieur Dupuis. *L'Imprimeur venait*, disait-il, *d'aggraver ses torts en imprimant ce nouveau Mémoire ; le Tribunal devait prononcer contre lui une condamnation plus forte, lui faire défenses de récidiver*, etc. Comme si l'Imprimeur méritait quelques reproches pour avoir fait un acte de sa profession, en imprimant un Ecrit pour le compte et sous la garantie d'un particulier domicilié et connu ! Comme si ce même Imprimeur devait refuser son ministère à ce particulier lorsqu'il était dans les liens d'un procès en calomnie ! Comme si le Tribunal était investi du droit de défendre ce que la loi autorise !

Cependant, ce moyen, tout ridicule qu'il était, produisit quelqu'effet; car, immédiatement après le Jugement dont il va être parlé, M. le Président dit que la note mise en tête du *Mémoire justificatif* du sieur Dupuis était inconvenante, parce que l'Imprimeur était assigné à la requête de M. le Procureur du Roi, etc. A ce reproche, le sieur Periaux aurait répondu, s'il lui eût été permis alors d'elever la voix, que dans sa note il n'avait manqué de respect ni à M. le Procureur du Roi, ni au Tribunal, puisqu'il ne disait pas que la plainte eût été *inconsidérément* accueillie ; mais que n'étant pas assujéti aux mêmes égards envers l'Avoué Houache, *partie plaignante et civile*, il avait eu le droit de lui dire que c'était *inconsidérément* qu'il l'avait compris dans sa plainte, parce qu'en effet, sa dénonciation était *inconsidérée, absurde* et *ridicule*, ce qui sera prouvé dans le cours de ce Mémoire.

L'Appelant ne parlerait point de ce reproche, s'il ne lui eût pas été adressé publiquement.

fort de son bon droit qu'il ne conclut même pas de recours contre son garant ; ce qu'il aurait fait s'il eût pu penser un instant que les premiers Juges auraient erré au point de prononcer quelque condamnation contre lui.

Après plusieurs jours de plaidoieries, le Tribunal rendit le 19 juillet un Jugement dont voici l'extrait :

« Attendu qu'il est reconnu que Dupuis est l'Auteur de
» l'Ecrit intitulé : *Tableau fidèle de la conduite de Me Houache,*
» *Avoué, envers sa famille* ; .... que Dupuis et Barray le jeune
» l'ont fait imprimer à deux cents exemplaires, et que l'un et
» l'autre l'ont distribué ;

» Qu'il est constant que cet Ecrit a été imprimé dans les
» derniers jours de juillet ou dans les premiers d'août 1815,
» le manuscrit en ayant été présenté le 12 juillet par Dupuis et
» Barray à un Imprimeur de cette Ville, *qui a refusé de l'im-*
» *primer* (1), et la déclaration de Periaux, pour l'impression,

---

(1) Si l'Imprimeur auquel le sieur Dupuis avait présenté d'abord son manuscrit a refusé de l'imprimer, ce n'est pas parce qu'il en avait pris connaissance, car il a déclaré ne l'avoir pas lu. S'il a refusé de s'en charger, c'est par la seule raison qu'il était dirigé contre un Avoué.

Telle est la déposition de cet Imprimeur, déposition que l'on a encore eu soin de tronquer dans les plaidoieries afin d'incriminer, s'il était possible, le sieur Periaux.

Mais si d'une part l'Appelant n'avait pas de motifs de haine contre Me Houache, il n'en avait pas non plus qui l'obligeassent à des égards tels qu'il dût se dispenser d'imprimer contre lui, comme un autre Imprimeur l'aurait fait, et comme on l'a fait effectivement en imprimant les défenses du sieur Barray.

Au surplus, la proposition faite par le sieur Dupuis à un Imprimeur autre que l'Appelant d'imprimer son Ecrit, est la preuve la plus évidente que ce dernier ne s'est point entendu avec les sieurs Dupuis et Barray pour nuire à Me Houache. En effet, si l'Imprimeur et l'Auteur s'étaient concertés pour diffamer Me Houache, l'Auteur se serait adressé de suite à l'Appelant sans encourir la chance d'un refus de la part d'un autre.

» étant du 17 dudit mois de juillet, et le dépôt de cinq exem-
» plaires à la Préfecture, étant du 18 août suivant ;

» Que jamais cet Ecrit n'a été signifié, etc.

» Considérant, en ce qui concerne l'Imprimeur Periaux,
» que la loi du 21 octobre 1814 sur la Librairie (*il fallait dire*
» SUR LA LIBERTÉ DE LA PRESSE) et l'Ordonnance du Roi du 24
» dudit mois, en assujétissant les Imprimeurs à certaines for-
» malités ne les a pas mis à couvert de la réparation du tort
» qu'ils pourraient faire aux particuliers ; ces Lois et Ordon-
» nances renfermant des dispositions contraires ;

» Considérant qu'il existe toutefois dans la cause des circons-
» tances atténuantes résultant, notamment à l'égard de Dupuis
» et Barray, de ce que, etc.

» Et à l'égard de Periaux, *en ce qu'il a imprimé pour des*
» *personnes connues et avec la signature de l'Auteur.*

» Vu les articles 367, 368, 370, 371 et 375, 59 et 60, 463,
» 52 et 55 du Code pénal; les articles 10 de la Loi du 21 octobre
» 1814, et l'Ordonnance du 24 dudit mois, art. 5.

» Statuant tant sur les actions principales que sur les demandes
» incidentes respectivement formées,

JUGEMENT.

« Le Tribunal, parties ouïes par elles-mêmes et par l'organe
» de leurs Avocats, et le Procureur du Roi, déclare injurieux
» et calomnieux les Ecrits intitulés : *Tableau fidèle de la con-*
» *duite de M*ᵉ *Houache, Avoué.... Mémoire justificatif du*
» *sieur Dupuis....* Et les *Défenses du sieur Barray le jeune ;*
» condamne François-Adrien Dupuis,..... et Jean-Baptiste Barray
» le jeune..... solidairement et par corps en 200 fr. d'amende envers
» le Gouvernement en 20 fr. de dommages et intérêts envers
» Houache ;

» Condamne lesdits Dupuis, Barray *et Periaux*, aussi soli-
» dairement et par corps, à la restitution des frais, tant envers
» le ministère public qu'envers la partie civile, et sur le surplus
» met les parties hors. »

Ainsi, les premiers Juges conviennent que le sieur Periaux a *imprimé pour des particuliers connus et avec la signature de l'Auteur*, et cependant ils le condamnent solidairement avec les sieurs Dupuis et Barray à la restitution des frais ! ! !

Le sieur Periaux, qui observe réligieusement les Lois rélatives à l'Imprimerie, et qui ne doit pas laisser subsister un jugement dont on pourrait induire qu'il s'est écarté des devoirs de sa profession, s'est rendu appelant de celui de la section correctionnelle de Rouen, et a eu l'honneur d'adresser à la Cour royale une Requête contenant ses moyens d'appel, moyens auxquels il croit devoir donner ici quelque développement.

MOYENS.

Le Jugement choqué d'appel par le sieur Periaux, étant basé, en ce qui le concerne, sur une fausse interprétation des deux articles ci-après (1), il convient de les examiner.

L'article 10 de la Loi du 21 octobre 1814, relative à la liberté de la presse, est ainsi conçu :

« Les Auteurs et Imprimeurs pourront requérir avant la pu-
» blication d'un Ecrit qu'il soit examiné en la forme prescrite
» par l'article 4. S'il est approuvé, l'Auteur et l'Imprimeur
» seront déchargés de toute responsabilité, si ce n'est envers
» les particuliers lésés. »

Et l'article 5 de l'Ordonnance du Roi, du 24 du même mois, porte :

« Si un Ecrit a été examiné sur la réquisition de l'Auteur
» ou de l'Imprimeur, et qu'il soit approuvé, il leur sera délivré
» un procès-verbal d'approbation, et la remise de ce procès-

---

(1) Il est inutile de discuter les articles du Code pénal cités dans le Jugement; car aucun de ces articles ne peut être applicable à la cause de l'Imprimeur qui n'a participé en rien à la rédaction ou à la distribution de l'Ecrit, et qui ne peut, comme on l'a déjà dit, être supposé avoir eu l'intention de nuire à M⁰ Houache.

» verbal les déchargera de toute responsabilité, si ce n'est envers
» les particuliers lésés, conformément à l'article 10. »

Les moyens plaidés contre le sieur Periaux se sont réduits à celui-ci :

La Loi du 21 octobre 1814, et l'Ordonnance du 24 du même mois ont consacré en principe la responsabilité des Auteurs et Imprimeurs envers les particuliers lésés. M° Houache a été lésé par le Mémoire imprimé par le sieur Periaux pour le sieur Dupuis : donc l'Imprimeur doit être considéré comme complice de l'Auteur.

Et ce prétendu moyen a été accueilli par les premiers Juges, et a servi de base à leur Jugement.

Il convient donc de fixer les idées sur le vrai sens des articles ci-dessus, et il nous sera facile de démontrer qu'on les a très-mal interprêtés.

D'abord un Ecrit publié par un particulier contre un autre particulier, et qui ne contient rien de relatif au Gouvernement, n'était point assujéti à la censure, car la censure, lorsqu'elle existait, était exercée dans l'intérêt général sur ce qui pouvait concerner le Gouvernement, le Monarque et les mœurs, mais non sur les débats qui pouvaient exister entre des plaideurs et dans leur intérêt particulier.

Celui qui se prétend calomnié a le droit incontestable de réclamer une réparation ; mais c'est à l'Auteur, s'il est connu, qu'il doit la demander ; c'est lui, et non l'Imprimeur, qu'il doit traduire devant les Tribunaux.

Dans le cas où l'Ecrit calomnieux ou réputé tel ne serait pas signé, la partie plaignante a le droit d'exiger de l'Imprimeur qu'il lui fasse connaître l'Auteur.

Et si l'Imprimeur s'y refusait, alors, *et dans ce cas seulement,* il serait passible des condamnations que la partie plaignante pourrait obtenir pour raison de la calomnie contenue dans l'Ecrit.

Mais lorsque l'Auteur a signé son Ecrit, et qu'il est domicilié et connu, le plaignant n'a rien à demander à l'Imprimeur, qui n'a fait qu'un acte mécanique de sa profession, et qui n'a pas qualité pour vérifier si les faits avancés par l'Auteur sont vrais ou faux.

En second lieu, les *particuliers lésés*, dont parlent les articles cités, sont les Auteurs ou propriétaires d'Écrits en tous genres qu'un Imprimeur se serait appropriés, et aurait publiés ou vendus à son profit sans l'autorisation des Auteurs.

Si l'Imprimeur a soumis ces Écrits à la censure avant de les imprimer, les procès-verbaux d'approbation ne le dispensent point de sa responsabilité envers les Auteurs; ceux-ci sont toujours en droit de réclamer leur propriété et d'obtenir même des dommages et intérêts.

Si un Imprimeur réimprime ou contrefait l'ouvrage d'un Auteur sans sa permission ou celle de ses héritiers ou ayant-cause, l'Auteur ou ses ayant-cause seront les *particuliers lésés*. Ils auront le droit de poursuivre le contrefacteur, de faire saisir les exemplaires, et d'obtenir des dommages et intérêts s'il y a lieu.

Si un Imprimeur s'est procuré le manuscrit d'un Auteur, et l'a imprimé, distribué ou vendu à son profit, l'Auteur sera le *particulier lésé* qui aura le droit de revendiquer sa propriété, etc.

Si un Imprimeur attribue faussement un Écrit à un particulier, ce *particulier* sera *lésé* et aura le droit d'attaquer l'Imprimeur.

Si, dans l'espèce, un Imprimeur s'était procuré le manuscrit du sieur Dupuis et l'eût imprimé, vendu ou distribué contre le gré ou sans la participation de l'Auteur, et que ce dernier eût été attaqué en calomnie par Me Houache, le sieur Dupuis serait alors *le particulier lésé* et aurait le droit incontestable de mettre en cause l'Imprimeur pour lui porter garantie des condamnations que pourrait obtenir Me Houache, pour raison de la diffamation qui aurait été répandue contre lui, sous le nom et sans la participation du sieur Dupuis.

Voilà le sens des articles 10 de la Loi du 21 octobre 1814, et 5 de l'Ordonnance du 24 du même mois; Loi et Ordonnance qui ont remplacé le Décret du 5 février 1810, ainsi que nous allons le prouver.

B

Suivant l'art. 14 de la Loi, *nul Imprimeur ne peut publier un Écrit avant d'avoir déposé* LE NOMBRE PRESCRIT *d'exemplaires*. Ce nombre n'étant déterminé par aucun autre article de la même Loi, qui ne dit pas d'ailleurs *le nombre* QUI SERA *prescrit*, mais bien le *nombre prescrit*, on doit nécessairement supposer qu'il l'a été par un acte *antérieur*. Or, le seul acte du Gouvernement *antérieur* au 21 octobre 1814 qui ait fixé le nombre d'exemplaires à déposer est le Décret du 5 février 1810. (Art. 48.)

A la vérité, la défaut de fixation dans la Loi du 21 octobre, du nombre d'exemplaires à déposer, a été rectifié par l'Ordonnance du 24; mais il n'en est pas moins constant que la Loi et l'Ordonnance précitées ont remplacé le Décret du 5 février 1810, et que leurs principales dispositions ne diffèrent que dans leur rédaction.

Or, l'article 10 de la Loi du 21 octobre, en ce qui concerne les *particuliers lésés*, remplace le 7ᵉ paragraphe de l'art. 41 et l'art. 42 du Décret du 5 février, ainsi conçus :

Art. 41. « Il y aura lieu à confiscation et amende au profit
» de l'Etat, dans les cas suivants, sans préjudice des disposi-
» tions du Code pénal........ 7° Si c'est une contrefaçon, c'est-à-
» dire, si c'est un Ouvrage imprimé sans le consentement et au
» préjudice de l'Auteur ou Editeur, ou de leurs ayant-cause.

Art. 42. » Dans le dernier cas, il y aura lieu, en outre, à des
» dommages-intérêts envers l'Auteur ou Editeur, ou leurs ayant-
» cause, et l'édition ou les exemplaires seront confisqués à leur
» profit. »

Il ne doit pas rester le moindre doute que l'on doit entendre par ces expressions *particuliers lésés*, de l'art. 10 de la Loi du 21 octobre 1814, les Auteurs, Editeurs ou ayant-cause dont un Imprimeur aurait imprimé un Ouvrage sans leur consentement et à leur préjudice. Toute autre interprétation à l'égard de l'Imprimeur serait contraire aux dispositions de la Charte, dont l'art. 8 porte :
» Les Français ont le droit de publier et de *faire imprimer*
» leurs opinions en se conformant aux Lois qui doivent réprimer
» les abus de la presse. »

Il résulte de cet article que ce sont les Auteurs (et non les Imprimeurs) qui sont tenus de se conformer aux lois qui doivent réprimer les abus de la presse, c'est-à-dire, en d'autres termes, que les Auteurs sont seuls responsables de leurs Ecrits.

Il est impossible, en effet, de concilier l'idée de rendre un Imprimeur responsable des faits calomnieux, ou prétendus tels, répandus par un Auteur dans un Mémoire imprimé, signé de lui, avec la disposition de l'article 8 de la Charte, portant que les Français ont le droit de *faire imprimer* leur opinion, en se conformant aux Lois qui doivent réprimer les abus de la presse.

Quant aux Imprimeurs, les formalités qu'ils ont à remplir sont prescrites par la Loi du 21 octobre 1814. Leur conduite est tracée par cette Loi, par l'Ordonnance du Roi du 24 du même mois et par le Code pénal.

On a prétendu dans la plaidoierie que depuis l'an 1500 quantité d'Arrêts ont été rendus contre des Imprimeurs pour complicité de calomnie. Si on reproduisait un pareil moyen, le sieur Periaux ne manquerait pas de répliquer avec avantage que les Imprimeurs ne connaissent aujourd'hui d'autre Code, d'autre Loi, que le Code pénal, la Charte, la Loi du 21 octobre 1814 et les Ordonnances y relatives : qu'il est par conséquent inutile de compulser des Lois anciennes abrogées par la Charte.

Nous en aurons la preuve, si nous jetons les yeux sur la Loi du 20 juillet 1815, dont les expressions sont claires et précises.

L'article 1er porte que le Directeur général et les Préfets n'useront point de la liberté qui leur est laissée par les art. 3, 4 et 5 de la Loi du 21 octobre 1814. (Celle de demander communication avant l'impression des Ecrits de vingt feuilles et au-dessous pour être examinés.)

L'article 2 porte que toutes les autres dispositions de la Loi du 21 octobre seront exécutées suivant leur forme et teneur.

Enfin, l'art. 3 s'exprime comme suit : « Provisoirement, et en
» attendant qu'une Loi ait réglé la poursuite des délits de la
» presse, nos Procureurs généraux, nos Préfets et nos Procu-
» reurs de première instance tiendront la main à l'exécution des

» dispositions actuelles du Code pénal contre cette nature de
» délits. »

Il est établi, d'après tout ce qui précède, que lorsque l'Imprimeur a fait sa déclaration qu'il a l'intention d'imprimer pour le compte d'un Auteur tel Ecrit, lorsqu'avant de faire la livraison de l'ouvrage à l'Auteur il en a fait le dépôt de cinq exemplaires, lorsqu'il a indiqué son nom et sa demeure ; lors enfin qu'il n'est contrevenu à aucunes des dispositions de la Loi du 21 octobre 1814, de l'Ordonnance du Roi du 24 du même mois et du Code pénal, il est à l'abri de toutes poursuites, soit de la part du ministère public, soit de celle des particuliers.

Si un Imprimeur est exposé à être traduit par-devant les Tribunaux, pour le contenu des Ecrits que les Français ont le droit de publier, de faire imprimer, sous leur garantie, à leurs périls et risques, c'est-à-dire en se conformant aux Lois qui doivent réprimer les abus de la presse, l'article 8 de la Charte est illusoire.

Ce serait envain que la Charte aurait donné à un Auteur le droit de faire imprimer son opinion s'il ne trouvait pas de presses à sa disposition.

En effet, si l'Imprimeur peut être mis en jugement parce qu'il aura imprimé un Ecrit que l'on prétendra séditieux ou calomnieux, s'il peut être poursuivi comme complice de l'Auteur qui aura signé son Mémoire, il devra, pour conserver sa tranquillité, s'abstenir d'imprimer toute espèce d'Ecrit. Ce sera donc envain que la Charte aura permis à un Auteur de faire imprimer son opinion, puisque les Imprimeurs lui refuseront leur ministère, s'il peut résulter de la jurisprudence des Tribunaux qu'ils sont responsables des Ecrits qu'ils impriment.

Suivant la Charte, tout Français a le droit de faire imprimer son opinion, mais, suivant la Jurisprudence que l'on a cherché et que l'on cherche à établir, les Imprimeurs ne pourront rien imprimer sans être exposés à des poursuites plus ou moins rigoureuses, à être cités par-devant les Magistrats chargés de la répression des délits, y prêter des interrogatoires, etc., quelquefois même pour des mots susceptibles d'être considérés comme équivoques ou à double sens.

Suivant la Charte, la presse est libre ; mais suivant le faux système de Jurisprudence que l'on veut faire adopter la presse serait enchaînée. On dirait aux Ecrivains : *Imprimez, vous en avez le droit*, et les Imprimeurs seraient obligés de répondre : *La presse est libre, mais nous serions exposés à des condamnations si nous imprimions, même en remplissant les formalités auxquelles nous sommes assujétis par la Loi.*

Nous ne discuterons pas au surplus la cause des Imprimeurs qui prêteraient leur ministère à la publication d'Ecrits séditieux ou réputés tels.

Si nous avions cette tâche à remplir, nous dirions, avec les défenseurs de deux Imprimeurs mis récemment en jugement à Paris, et avec M. Benjamin de Constant (1) : « que l'état d'Impri-
» meur étant un état exclusif et privilégié, les Imprimeurs doivent
» leurs presses à quiconque les invoque pour publier ou des
» idées qu'il croit utiles, ou des réclamations qu'il prétend
» fondées ; qu'ils ne peuvent se constituer Juges, ni de la vérité
» des unes, ni de la justice des autres ; que leur seul devoir est
» d'éviter toute clandestinité ; qu'ils sont à l'abri de tout reproche,
» quand ils ne dissimulent ni leur imprimerie, ni leur demeure,
» ni leur nom, ni celui de l'Auteur ; que la liberté de la presse
» deviendrait tout-à-fait illusoire, si ceux qui en sont les ins-
» truments nécessaires craignaient d'être compromis dans l'exer-
» cice légitime et légal de leur état ; qu'ils trouvent leur code
» politique, civil et criminel dans la Loi du 21 octobre 1814 ;
» que là sont indiquées toutes les causes qui peuvent leur faire
» perdre ou leur privilége ou leur liberté, et que lorsqu'ils ob-
» servent religieusement cette Loi, lorsqu'ils marchent sans

---

(1) Page 76 de l'Ecrit intitulé : *Questions sur la Législation actuelle de la Presse en France, et sur la doctrine du ministère public, relativement à la saisie des Ecrits, et à la responsabilité des Auteurs et Imprimeurs.* — Paris, DELAUNAY, 1817.

» détour sur la ligne qu'elle leur a tracée, lorsqu'ils mettent
» les Autorités à même de surveiller, et que ces Autorités
» gardent un silence approbateur, rien, sans un bouleverse-
» ment de tous les principes, ne peut être allégué contr'eux. »

Nous ajouterions même que les motifs de l'Arrêt prononcé dans l'affaire du sieur Dentu ne sont pas constitutionnels.

En effet, d'après tous les principes, on devait acquitter cet Imprimeur, non pas par la raison qu'il n'était point prouvé qu'il eût une connaissance suffisante du contenu en l'Ecrit qu'il avait imprimé, mais bien parce qu'il avait rempli toutes les formalités prescrites.

Si la censure existait encore, le sieur Dentu aurait dû y soumettre l'Ecrit avant de l'imprimer; mais la censure n'existant plus par le fait de la suppression des Censeurs, l'Imprimeur n'aurait pas eu le droit de s'ériger lui-même en censeur de l'ouvrage; l'Auteur ne l'aurait pas souffert, et aurait prétendu avec raison que, d'après la Charte, il devait être libre de faire imprimer son opinion sous sa responsabilité personnelle.

Mais nous n'avons pas besoin, dans la cause soumise en ce moment, à la décision de la Cour royale de Rouen, de donner plus de développement à ces moyens qui nous conduiraient à l'examen de la Loi du 9 novembre 1815, et qui sont étrangers au sieur Periaux, comme à la plainte en calomnie de M⁰ Houache. Il ne s'agit point ici d'un Ecrit séditieux ou réputé tel; il s'agit uniquement de débats entre plaideurs, d'un Ecrit rédigé et signé par un particulier domicilié et connu, publié par lui, dans son intérêt, contre un autre particulier, ce qui est bien différent.

Dans le premier cas, si un Imprimeur se respecte, dit l'Auteur d'un extrait de l'ouvrage de M. Benjamin de Constant (1), « il n'imprimera pas ce qui lui paraîtra blesser les mœurs,
» les Lois et l'ordre public; *mais il n'est pas justiciable des*
» *Tribunaux parce qu'il ne s'est pas respecté*, ou parce qu'il
» n'a pas reconnu ce qui était blâmable. Quand il a déposé

---

(1) Moniteur, n° 206, du 25 juillet 1817, page 4.

» l'ouvrage imprimé, la police en est avertie. C'est à elle à
» empêcher que le mal ne se répande s'il y en a. L'Imprimeur
» est en ce cas suffisamment puni par la perte qu'il éprouve,
» ou la privation du gain qu'il s'était promis. » (1)

Dans le second cas, le particulier qui fait imprimer et qui publie dans son intérêt un écrit contre un autre particulier, est seul responsable des faits qu'il avance. C'est à lui, qui fait imprimer l'ouvrage à ses frais et le publie ou distribue comme bon lui semble, c'est à lui de savoir si ces faits sont vrais ou faux ; c'est à lui d'en répondre. C'est lui qui doit réparer le tort que peut faire son écrit au particulier contre lequel il est dirigé, et à supporter les condamnations qu'il mérite s'il a calomnié.

Tout cela est étranger à l'Imprimeur, qui n'est point chargé par la loi d'être le censeur des écrits dont on requiert l'impression ; qui n'a pas qualité pour faire des enquêtes, entendre des témoins, et juger, avant d'imprimer, si les faits sont faux ou vrais, encore pourrait-il souvent se tromper dans son jugement. Il a reçu de la loi l'autorisation d'imprimer sauf l'accomplissement de certaines formalités : lorsqu'il a rempli ces formalités, il est à l'abri de tout reproche, sur-tout si, comme dans l'espèce, il n'a vendu ou distribué aucun exemplaire de l'Ouvrage.

Enfin, l'Imprimeur, dans le cas ci-dessus, a fait un acte de sa profession, et n'est pas plus répréhensible qu'un notaire qui aurait rédigé un contrat frauduleux, qu'un avocat qui plaide les faits utiles au développement de la cause de son client, que le pharmacien, que l'armurier dont les médicaments ou les armes peuvent être employées à de mauvais usages, etc.

Lors des plaidoieries, on trouva, selon que l'on en avait besoin pour la cause de M° Houache, de la similitude ou de la différence entre le procès du sieur Dentu et celui du sieur Periaux.

---

(2) Ceci s'entend des Ouvrages que l'Imprimeur est chargé de vendre ou qu'il imprime par spéculation, et dont les bénéfices font partie de ceux de son commerce.

Le sieur Dentu étant condamné par le Tribunal de 1re instance de Paris, section correctionnelle, le sieur Periaux devait aussi être condamné (disait-on), leur position étant la même.

Le sieur Dentu, acquitté par la Cour royale de Paris, ne l'a été que parce qu'il n'est pas demeuré constant qu'il eût une connaissance parfaite de ce que l'écrit dont était question contenait de séditieux, tandis que le sieur Periaux, ayant bien aperçu dans l'Ecrit qu'il avait imprimé pour le sieur Dupuis, des reproches dirigés contre Me Houache, avait agi avec connaissance de cause ; donc il devait être condamné comme complice de calomnie.

Il convient de faire ici une distinction importante.

Quoiqu'en principe constitutionnel les deux affaires pussent présenter quelque similitude, en fait, il y avait une très-grande différence. L'Ecrit imprimé par le sieur Dentu et livré au Public par la voie du commerce de la librairie, était attaqué comme séditieux, et a été déclaré tel ; le sieur Dentu était poursuivi à la requête du ministère public.

L'Ecrit imprimé par le sieur Periaux, pour le sieur Dupuis, contre Me Houache, ne contient rien de séditieux, rien qui soit relatif au Gouvernement, il est seulement réputé, ou, si l'on veut, déclaré calomnieux ; mais il a été imprimé aux frais du sieur Dupuis, signé de lui et distribué par lui, dans son intérêt, comme bon lui a semblé, et non par l'Imprimeur, qui n'a participé en rien à la rédaction ou à la distribution. Si le sieur Periaux a été assigné à la requête de M. le Procureur du Roi, ce n'a été que sur la plainte de Me Houache devenu partie civile ; sans cette plainte, le ministère public n'aurait pas eu d'action contre le sieur Periaux.

Dans le premier cas, le sieur Dentu a dû être acquitté sans obtenir de dommages et intérêts, parce qu'il n'y avait point de partie civile.

Dans le second cas, Me Houache, partie plaignante et civile, devait et doit être condamné en des dommages et intérêts d'indue vexation envers le sieur Periaux, et aux dépens.

D'après

D'après ces considérations, le Tribunal correctionnel de Rouen n'aurait pas dû prononcer une condamnation en restitution de frais contre le sieur Periaux ; il devait au contraire admettre ses conclusions, et, y faisant droit, condamner Mᵉ Houache, non-seulement aux dépens, mais même en des dommages et intérêts d'indue vexation envers l'Imprimeur, puisqu'il s'est permis de troubler sa tranquillité, de le déranger de ses affaires, de le forcer de subir des interrogatoires, de suivre des plaidoieries, en le dénonçant aux Magistrats dans une plainte *inconsidérée*, *absurde* et *ridicule* ; dans une plainte attentatoire aux dispositions de la Charte constitutionnelle, puisqu'elle tend à paralyser les presses et à priver les Auteurs des moyens de jouir du droit qui leur est accordé par l'article 8, de faire imprimer, *sous leur responsabilité*, leurs opinions ; dans une plainte, enfin, qui, nous osons le dire, n'aurait pas dû être accueillie.

L'Appelant à lieu d'espérer que la Cour royale, faisant ce qu'auraient dû faire les premiers Juges, lui accordera les conclusions contenues dans sa requête d'appel.

P. PERIAUX.

Monsieur le Procureur général du Roi.

Mᵉ PAVIE, Avocat plaidant.

Mᵉ CANU, Avoué.

A Rouen. De l'Imp. de P. PERIAUX, Imprimeur du ROI, rue de la Vicomté, n° 30. (1817.)

www.ingramcontent.com/pod-product-compliance
Lightning Source LLC
Chambersburg PA
CBHW071435060426
42450CB00009BA/2190